발간사

   두 번의 도전, 그리고 불(不) 선정, 세 번째 도전, 드디어 선정되어 이렇게 2집을 발간하게 되었습니다. 참으로 감사를 드립니다.
   어느 10월의 쌀쌀한 날씨에 피어있는 한 송이 붉은 장미를 보고 썼던 첫 시를 시작으로 어느덧 몇 년의 시간이 흘렀습니다. 그때 시를 쓰면서 다른 이들의 마음에 따뜻함과 시원함을 주고자 했으며 그 초심을 지켜 나가고자 애를 씁니다.

   지금도 처음 시를 적을 때처럼 새벽 예배를 마치고 교회 뜰에 나와 꽃들을 살피는 것이 일상이 되었습니다. 오늘은 어느 꽃이 예쁘게 피었나, 오늘은 어느 꽃이 무더위를 이기고 꽃망울을 터뜨리고 있는가 하며 여기저기 살핍니다.

   오늘도 천지를 창조하신 하나님의 은혜를 생각하면서 새벽에 시원하게 부는 바람을 맞으며 시상을 정돈해 봅니다. 비록 멋지고 멋있는 것은 아닐지라도 진실한 마음을 담아 한 자 한 자에 정성을 기울여 봅니다. 인생을 적어보기도 하고, 자신을 적어보기도 하고, 상대를 적어보기도 합니다. 그래서 하늬바람이라는 제목으로 출간을 하면서 상쾌함, 그리움, 즐거움, 시원함, 따뜻함을 시어로 그려보았습니다.

모쪼록 본 시집을 통하여 더 힘을 얻고, 더 용기를 얻어 살아가는 멋지고 즐거운 인생의 길이 되었으면 합니다.

그동안 시집 출간을 위해 함께 했던 사랑하는 아내와 편집과 디자인을 맡아주신 이희준 목사님과 행복한 북창고 출판사 허필선 대표님에게 감사를 드립니다.

이 시집을 대하시는 모든 분들에게 하나님의 위로가 넘치시기를 축복합니다.

청향(淸香) 김종명

목차

제 1 부 즐거움
설날 08 / 가벼운 행복 09 / 감사한 마음 10
검정 고무신 11 / 떡꾹 12 / 매실 13 / 시이소오 14
세배 15 / 물장구 16 / 열매 17 / 자치기 18 / 정언 19
춘경 20 / 컴퓨터 22/ 보물찾기 23 / 맛집 국수 24

제 2 부 그리움
연모 28 / 예루살렘 29 / 나는 너를 1 30 /나는 너를 2 31
고향 32 / 고향 하늘 33 / 행복 34 / 기다리며 35
욕지도 할매 36 / 욕지도 가면서 37 / 욕지도 사모님 38
가을 고향 감 40 / 기다림 41 / 억새 42

제 3 부 따뜻함
모정 46 / 바램 47 / 소망 48 / 120년 된 교회 49
은혜 50 / 어버이 51 / 아들 52 / 코이노니아 53
애잔한 경배 54 / 낙엽 55 / 되돌림의 여운 56
미안하다 57 / 보아스 58 / 빈손 59 /비엣남의 슬픔 60
통증 61 /따뜻함 63

제 4 부 상쾌함

오월의 오후 64 / 감사한 비 67 / 내면 68
나 이름 없는 들풀 되어 69 / 남해 금산 70 / 만남 71
오봉산 72/ 아름다움 73/ 의지 74 / 입춘 표절 75
입춘 76/ 정 77/ 청초함 78 / 축제 79
포도원 80 / 행복 81

제 5 부 시원함

난타 84 / 용기 85 / 그대와 함께 86 / 매화 1 87
매화 2 88 / 매화 3 89 / 매화 4 90
매화단상 91 / 모란 92 / 봄소식 93 / 봄맞이 94
봄비 95 / 봄에 부르는 노래 96 / 봄의 서약 97
코스모스 99 / 한 바퀴 뒹굴한다 100 / 해소 101

제 1 부

즐거움

설날

설레임 가득한
어릴 적 기쁜 날

이곳 저곳 꾸벅 절하며
조그만 손 내밀던
염치없는 기쁨 가득하다

큰엄마가 차려주신
왕 만두 두 개 먹으니
새벽 설친 피곤함 사라진다

어릴 적 추억 서린
큰 미류나무 앞
어머니 얼굴 그립다

가벼운 행복

이리저리 다니다 보니
날이 저물었다

잠시 생각하니
식사 때가 지났네

눈치 빠른 아내
밥이 없소 한다

그럼 오랜만에
임자하고
외식(外食)이나 하세

밝은 테이블 마주 앉아
구수한 된장국
한 숟갈 뜨니

아!
행복하다

감사한 마음

에메랄드 영롱한 해변
우도(牛島) 둘레길 돌아보며
화목한 은혜 나누니
기쁨의 정 가득하다

두런두런 귀한 마음
말씀 약속 다짐하며
잡은 손 굳게 잡아주니
따사로운 정 그득하다

아름다운 사랑 향기 배어오며
영원한 사랑 풍성하니
믿음의 순수함
그 동역에 감사하다

검정 고무신

명절 때 아버지가 온 가족 모아놓고
자랑하시며 사주시던 귀한 신발
보물처럼 품에 안고 달을까 염려하네

물 젖어 미끌미끌 뒤척이며 걷다가
철버덕 넘어지며 움켜쥐던
어릴 적 소중한 신발이다

비 오는 날 냇가에서
까뒤집어 뱃놀이하다
떠내려 보내고 울던 날
꼭 손잡아 주시던 어머니표 신발

떡국

쫄깃쫄깃 따뜻한
설날 떡국

입천장 달라붙어
잘 떨어지지 않아
동그랗게 말린 입

흐르는 세월
보내고 싶지 않아
뽀로통 해진다

매실

성화에 못 이겨 매실 따러갔다
많은 분들이 다녀갔는지
가지 끝부분에 겨우 달려 있다
노랗게 익은 탐스런 매실에 마음 뺏겨
정신없이 흔들고 줍다 보니
어느새 흠뻑 땀 목욕했다
성화에 못 이겨 매실 딴 날

즐겁나
힘들다
재미있다

시이소오

한쪽 높이 들리니
마음 상쾌하다

창공으로 날 듯
두 다리 번쩍 들어
가볍게 뻗는다

이대로 잠깐 있어봐
마음뿐

올라갔다 내려오니
머리가 시원하다

올라갔다
내려갔다

언제까지 해볼까

세배

새해 첫날
이웃 친척 찾아
꾸벅 절하며
인사하는 날

공손히 예쁘게 절하고
고사리손 꼼지락거리면
어느새 쌈짓돈
손에 주어진다

온 동네 휘젓다
해 넘어가면
지난해 그리워도
새해 꿈꾸며 새록새록 잔다

물장구

신나는 여름
쨍쨍쨍 볕 따가워
계곡물에 깨 벗고
첨벙첨벙

질세라 허우적거리며
맹구 허리춤 잡고
한 바퀴 두 바퀴 뒹굴뒹굴

두 발가락사이 하얀 물보라
간지러워 꼼지락 꼼지락
개 헤엄치며 나아간다

야호 즐거운 여름

열매

탐스럽고 복스럽다
비바람 견뎌내며
맺혀진 인내다

귀하고 복되도다
풍파 이겨내며 차곡차곡
채워진 생명이다

인고의 시간 생명 지켜
고귀한 뜻 변함없이
온 누리 살린다

자치기

짧고 거친 막대
땅에 놓고
볼품없는 긴 막대
대장처럼 손에 들고

멀리 보고
야! 하고 소리치며
긴 막대 신나게 내려치니
조그만 막대 튀어 오른다

따악 소리에 모두들 휘둥그레
아 누가 멀리갔지
눈 빠지게 쳐다본다

머얼리 날아간
짧고 거친 조그만 막대기에
내 꿈 실어 본다

정언(正言)

수더분한 아낙네들
오뉴월 염소 뿔 빠지는
한여름 원두막 그늘에서
수박 깨드시니
예쁜 입 되었다

춘경(春景)

산기슭 돌고 돌아
긴 오솔길 둘러선 봄 내음 나무들
긴 겨울 한 서리 견뎠다

막 잠이 깬 짹짹짹 무명(無名) 새소리
머얼리 들려오는 졸졸졸 흐르는 물소리
봉긋봉긋 솟은 터질듯한 봉우리
콩닥콩닥 마음 설렌다

이곳저곳 모진 겨울 이겨낸
생명의 꿈틀거림이
오솔길 걸음 한걸음에 사박거린다

켬퓨터

종일 앉아 두드려도
피곤타 않고
무덤덤한 너

지루한 시간 흘러도
여전히 밝은
생기있는 너

오늘 보고
내일 봐도
항상 같은 너

보물찾기

자! 지금부터
선생님의 한 마디에
우왕좌왕 웅성웅성
이리 기웃 저리 기웃
가늘게 뜬 눈 살핀다

살며시 드러누운 낙엽 젖히고
마른나무 사이 헤집고
가벼운 돌 살짝 들어보며
아! 행운이 올려나

여기저기 야호! 하는 소리
깜짝놀라 부러워 쳐다보다
작은 눈 더 크게 뜨고
이곳저곳 찾고 찾다
머언 하늘 구름 쳐다본다

맛집 국수

맛집 국수란다
이름이 있네
자가제면
자가도정
무슨 뜻인지 몰라
굳이 살펴본다

맛집 국수란다
줄이 길게 늘어졌네
받아든 표를 보니
시간이 걸린다
기다려야 한다
꼭 기다리란다

맛집 국수란다
맛있는 냄새가
코를 간지른다
모락모락 국수에
모든 시선이 꽂혀있다

그런데 창 틈새 몇 명일까

맛집 국수란다
아! 들어왔다
역시 맛집이다
긴 기다림의 맛
아하 그렇구나
맛집 국수란다

- 부산 송정 국수집에서

제 2 부

그리움

연모(戀慕)

내가 기다린 너
깊숙이 들어온 따스함
촉촉이 녹는다

내가 품은 너
쿵쿵 들어온 개쑥부쟁이
눈 안 가득 잠긴다

내가 너에게로
그리움을 보낸다
간절함을 그린다

오늘도
뜨거운 영혼 담아
인삼벤자민을 본다

- 개쑥부쟁이 : 꽃말이 그리움
- 인산벰자민 : 꽃말이 영원한 사랑

예루살렘

평화와 분쟁이 공존하는 곳
하나님은 샬롬이지만
세상은 욕망이다

수천년 내려온 얽힌 감정
넝쿨처럼 뒤섞여
어떻게 해야 할까

삼(三)대 종교 사(四)구역으로 나뉜 성
뚜렷한 구분으로
일촉즉발(一觸卽發)이다

살아계신 하나님
그 섭리 알 수 없으나
그 놀라운 뜻 이루시리

- 예루살렘성 : 기독교,유대교,이슬람교의 3대 종교와 기독교
  2구역,유대교구역,이슬람구역으로 형성되어 있다.

나는 너를 1

사랑한다 너를
산기슭 무명화이어도
내 마음 네 마음 하나되어서

사랑한다 너를
깊은 산속 홀로이어도
많은 사연 쌓이고 쌓여서

사랑한다 너를
비바람 속 갈대이어도
손 꼭잡고 함께하여서

나는 너를 사랑한다 그저

나는 너를 2

사랑한다 너를
아무것도 안해도 된다
내 마음 네 마음 하나되어서

사랑한다 너를
올망졸망 예쁜 집 짓는다
많은 사연 쌓이고 쌓여서

사랑한다 너를
아낌없이 다 주어도 기쁘다
하나되어 한 길 가니

나는 너를 사랑한다 그저

고향

불현듯 꿈에 나타나
갑자기 가고 싶은
꿈을 품고 뛰놀던
시선이 멈추어진 곳

따스한 봄볕에
박빙(薄氷) 슬며시 녹듯
마음 한구석 깊이 스며든
항상 정 품은 곳

향(香)취해 팔랑거리는
부드러운 날개 소리에
살며시 손잡아주는
그리움 묻어 있는 곳

바로 그곳

고향 하늘

언제적이었던가
새파란 하늘 아래
철없이 온 동네 휘저으며
뛰놀던 개구쟁이가 그립다

언제적이었던가
수많은 사념에
그 싱그러움 잃어버리고
철들며 슬퍼한 날 생각난다

언제적이었던가
그 하늘을 쳐다본다
그리움이 아쉬움이
먼 곳 청명한 구름에
묻어 머얼리 간다

행복

이리저리 다니다 보니
날이 저물었네

생각해 보니
식사 때가 지났네

아내는 이내
밥이 없소 한다

그럼 오랜만에
식사나 하세

어느 모퉁이 식당에
돌솥 밥 시켜놓고
마주 앉으니
아!
행복하구려

기다리며

싱그러운 연 푸른 잎새 위
싱그런 치마폭 휘날리며
하이얀 물보라 사이
파아란 소망 품는다

어느 날 머언 곳 갈매기
내 마음 나르고 나르니
문득 문득 가없이
예쁜 엽서 적는다

가느다란 펜 살며시 잡고
세모진 마음도
네모진 마음도
멋지게 그려본다

막 배 떠난 고즈넉한 항구
어둠 사이 가로등 비추니
이 밤 지나면
그리운 첫 배가 오리라

욕지도 할매

지긋한 연세에 바리스타되시어
전국 모든 분들에게
커피의 달콤함을 주시는
멋쟁이 할매

욕지도 명물로 자리 잡아
할매 바리스타로
일약 활약하신다

모든 분들 더 오래보게
정겨운 간판
늘 있으면 좋겠다

욕지도 가면서

기대 가득한 마음 안고
욕지도 배를 탄다
반짝이는 파도 조각들이
눈에 쏟아 들어온다

여객선 사람들의
정겨운 정(情)담은 이야기들
따뜻이 가슴에 앉아오니
콩닥콩닥 행복하다

큰 배 물살 위 미끄러지고
조용히 조용히
욕지도 향해가니
고향 가듯 설레인다

삼월의 마지막 날
끼룩끼룩 갈매기도
함께 간다

욕지도 사모님

삼월의 따사로운 햇살이
신비로운 반짝임으로
물결 위 얼릉거리며
엷은 분홍 꽃잎
화사하게 핀 날

먼 남쪽 바다 조그만 섬
난파선 조각으로 세워진
120년 말씀 간직한
복음 깃발 꿋꿋한 교회 본다

순교자 거룩한 피 흥건한
생명 가득 부여잡고
묵묵히 믿음의 길 걸으며
화려한 걸음 내딛으며
복음 씨앗 뿌린다

세상 즐거움 다버리고
주님 기쁨 만족하며
세상 자랑 다 버리고
주님 자랑하며 사니
번득이는 물결 반짝반짝
주님 은혜 가득 품는다

가을 고향 감

가을이 되면
노랗게 익은 감이
선하다

몰래 따먹다 들켜
삼십육계 줄행랑치다
윗도리 가득 숨긴
감들이 다 도망간다

허덕거리며
한 구석 쪼그려 앉아
한숨 돌리던
고향 가을이 그립다

해마다
노랗게 익어가는 감 보며
가을의 향수에
마음 따뜻해진다

기다림

사뿐사뿐 발걸음
가벼이 가벼이
꿈꾸며 나아가니

겨우내 움추렸다
봄동 향 퍼지는
달콤한 내음

가슴에 품은 그 사랑
펼치고 드러내니
은혜 열매 맺힌다

- 이주해 사모님에게 -

억새

휘적휘적 휘적거리며
바람의 소원에
이리흔들 저리흔들
가여운 모습

매서운 골바람에
꺽일듯 놀리듯
그 고운 빛 번쩍이니
부끄러운 산바람

산자락 듬성듬성
억새들의 군락(群落)
따스한 볕 이불품에서
하늘하늘 가을하늘 즐긴다

제 3 부

따뜻함

모정

계절 따라 바쁘게
씨 뿌리고 가꾸니
어느 사이
추수 한다

무우 쑥쑥 뽑아
동치미 깍두기 무채 나물
각종 식탁 위 군침 도는 음식

시래기 가지런히 묶어
살랑살랑 부는 바람
처마에 말린다

그 옛날
추운 겨울나기
어머니 손맛 담긴
깊은 따뜻함

바램

쏟아지는 햇살 사이사이
하이얀 눈부신 아롱짐이
맑은 눈망울에 가득 차니
가슴 속 소망을 담아내고

미소 지은 살포시한 바람은
가여운 잎새에 아롱아롱 줄 그으며
끊기지 않을 이음을 맺어가니
가슴 가득 아쉬움을 달랜다

휘리릭 가고픈 푸른 기쁨은
아스라한 하늘 같아도
끊임없는 빛줄기는
눈부시게 밝다

소망

휘어져 감긴 두 손끝
아름다운 꽃 되어
민들레 향 피어난다

부드런 발걸음
따스한 손놀림
힘찬 움직임
능하신 분 이끄심이라

가는 길 거칠고 힘들어도
내민 손 잡아주시니
하늘 평강 임한다

칠흑의 밤 온다 해도
빛으로 비추이니
민들레 꽃 화려하다

120년 된 교회

수많은 사연 간직한
난파선 조각조각 모아

아픈 영혼 달래며
힘든 육신 치료하는
복음의 빛을 간직한
믿음과 땀으로 세워진
거룩한 터

아주 오래전
선교사의 눈물이
알알이 맺혀있는
헌신의 터

아름다운
십자가 사랑
온 누리 드러나리

은혜

밤사이 흘러내리는 눈물
아롱져 흩어지며
미간으로 뜨겁게 흐르니
지친 눈 얇게 뜨고
살며시 다가온 붉은 사랑
손 안 가득 담는다

어버이

시월의 산뜻한 날
탐스럽게 무르익은 열매같이
아름다운 인생 서막 열린
사랑하는 아들

보채며 울던 지난(至難)한 날을
따스한 손길로 보듬으며
그윽한 눈망울 마주친
지고한 순(洵)사랑 어버이 정

가없는 돌봄으로 성장하여
어버이 큰 사랑 갚으려니
품에 안던 그 팔 연약함에
가슴 한편 시려온다

삶의 뜨거움 쏟아부어
손발 다 닳도록
내 몸처럼 아꼈으니
어버이 은혜 어이 갚으리

아들

오월의 따스함
아카시아 향 내음
장한 아들
나라 위해 부름받다

매서운 겨울지나
갓 물든 푸르름같이
도전과 성장의 격랑에
성숙한 모습 드러내리

그리움으로 가득한 휑한 방
구석구석 정 담은 눈 보내며
첫 만남을 그린다

코이노니아

한껏 어우러진 한 송이 꽃
수국의 그윽한 조화로움과
싱그러운 허브향 가득한
120년 복음의 옥지도

같은 맘 한뜻 손잡고 다지며
은빛 물결 가르며 달려가
유월의 고즈녘한 십자가의
복음의 향기 마신다

골목골목 새겨진 삶의 흔적에
아려오는 슬픔 가득하지만
거룩한 생명 걸음 되새기니
새로운 뱃고동 우렁차다

모진 바람 험한 폭우 몰아쳐도
맞닿은 어깨 다독이며
맞잡은 꼭 잡은 손 놓지 않으며
묵묵히 복음의 길 간다

애잔한 경배

두 손 향한 곳
뜨거운 시선 멈추며
하늘거리는 춤사위
아늑한 믿음 여정 그린다

끊어질 듯 이어지는 움직임
사랑의 여울 이어 가며
나를 듯 경쾌한 몸 유희
그날의 만남 재촉한다

갸날픈 몸 고운 자태
칠흑의 어두움 가르며
두 눈이 향한 곳
영원한 애잔함 이어 간다

- 어느 사모님의 워십댄스를 보고 -

낙엽

모든 것
뒤엎을 기세의 푸르름이
시간의 가지 끝
매달려 애처롭다

온 산 붉게 물들이며
화려함 뽐내지만
어느새 떨어져
땅바닥 뒹군다

옅은 바람 스쳐
맥없이 슬프지만
다가올 멋진 날
기대에 밑거름 된다

싱그러운 소망
살포시 안으며
시간의 가지에
마음을 걸친다

되돌림의 여운(餘韻)

낡은 서랍 빈구석 때 묻은 자국
거슬러간 시간의 빈 공간 새기니
휑한 여운의 아픈 흔적 흔적이
구석구석 기억으로 다가온다

모서리 깨어진 화장대에 묻은 향(香)
삶의 모든 흔적들로 어울어지고
질세라 뿜어내는 내음이
애틋함으로 지난 날을 반추한다

방 한구석 덩그러이 놓인 장롱의 묵은 내
지난 세월 애환으로 녹아드니
툭 털어 먼지 뿜는 생의 자취로
인고(忍苦)의 세월 기억해 낸다

쉼 없이 흐르는 하얀 구름 저 너머에
금방 잡힐 듯 공간 하나 드러나니
마음의 문 활짝 열어
소중한 시간을 돌려본다

미안하다

따스하여 나른한 봄
텃밭 한구석
탐스런 열매 주렁주렁
자그마하게 서 있다

초보 농부 네 명
열매 보고 매실이라 하며
매실 장독 챙기며
희망으로 가득찼다

아지랑이 피어 노랗게 익고
크기 제법 커가니
고개 갸웃갸웃하며
기대 가득 마음 품었다

홍매실 달콤함 군침 도는데
옆집 텃밭 경력 여든 촌노(村老)
매실이 아니고 살구여 한다
미안하다 살구야

보아스

오뉴월의 따스한 볕
겨우내 움추렸던 마음 녹이니
부지런한 아낙네들 서두른다

보듬고 또 보듬는 정 깊은 마음에
힘들고 어려운 마음들이
삼월의 함박눈 같다

깊은 배려 넓은 이해로
가슴 깊이 따뜻이 품어주니
춘풍(春風)화군(花群) 향기난다

- 보아스 : 보아스는 구약성경 룻기와 신약 성경에서 예수님의 족보에 나오는 인물이다.

빈손

네가 있어 내가 있고
네 마음 내 마음
너에게로 보낸다

있음은 없음의 여유요
없음은 있음의 은혜다

삶은 가진 것의 공간이요
삶은 없는 것의 감사다

이 시간도
없음의 한적함을 누린다

비엣남의 슬픔

유구한 역사의 흐름 속
깊은 아픔으로 점철(點綴)되어 흘러온
슬픔과 애환의 굳어진 시간이
사람들 중심(中心)을 하나로 만든다

찢기고 상처입은 영혼의 외침
북쪽과 남쪽의 순탄치 못한 외로움
부드러움과 따뜻함의 메마름이
딱딱한 마음으로 다듬어진다

모든 가옥에 연연한 신(神)을 향한 비명은
흩날리는 초향(香)에 묻어 허공에 사라지며
바쳐진 신심의 열광적 향방에
하루의 피곤함을 눕히고 달랜다

십자가의 탑 높게 세워졌지만
비엣남의 아픔은 이 순간도 무겁다
십자가 고상(苦像)은 자비의 손길 내밀건만
비엣남의 슬픔은 가실 줄 모른다

한강(寒江)의 요란스런 화려한 불빛에
비엣남의 골목은 어두움으로 가라앉고
북적이는 사람 사이 너울거리는 파도에
예쁜 종이 소원(所願)초 불빛 담아 떠나보낸다

- 비엣남 : 베트남

통증

아픔이 아픔을 더하며
마음에 약함을 더하니
길 끝이 아득하다

힘내어 발 딛으며
손에 힘주어 펼쳐보니
길 끝이 아련하다

용기 낸 가지런한 시선 들어
두 눈망울 또렷이 쳐다보니
길 끝이 가득 차 오른다

모든 아픔 모든 어려움
눈 안 가득 길 담으니
뚜렷한 길 보인다

따뜻함

하늘 솜 내리는 하얀 날
호호 손 비비며
유리 가득 뭉게구름 묻어내니

난롯가 둘러앉아
오손도손 두런두런 정겹게
장작불 따스함 묻힌다

차가운 기운 휘돌아 감기어
사이사이 움추리지만
난로 가득 온기에 기지개 켠다

제 4 부

상쾌함

오월의 오후

따스한 볕 나른함에
장미 향 스며드니
얕은 잠 든다

번득이는 빛에
실눈 뜨니 빨간 장미
단 잠을 깨운다

오월의 아름다운 날에
화사한 마음 품으니
행복하다

감사한 비

손길 닿지 않는 곳
부지런히 오물조물
돌짝밭 일구어
씨앗 뿌려놓고
기다리고 기다리는데

후두두둑 단비 촉촉하게
씨뿌린 흙 사이
천연 영양분 뿌려주니
잠자던 씨앗 하품하며
새순 되어 피어난다

흙먼지 날리는 돌짝밭
어느새 내린 비로
여기저기 꽃 몽우리 터트리니
활짝 핀 꽃 향기
온 동네 퍼진다

내면(內面)

어제
해변 기슭의 국화를 보았다
걷다가 지쳤지만
배여오는 그윽한 향에 취한다

떠오른 짝사랑이 생각난다
그때 그랬던가

피곤한 몸이지만
그 사람 향이 난다

해변가 그윽한 국화 향
잔뜩 취해
그 시절 애틋함
소록소록 젖는다

나 이름 없는 들풀 되어

외로운 바람부는 들판에서
보아주는 이 없어도
꼿꼿이 서 있으리라

야속하게 뜨거운 태양 아래서
손길 하나 건네지 않아도
꿋꿋하게 서 있으리라

견디기 힘는 폭풍우 가운데서
가냘픈 어깨 감싸주지 않아도
허리를 펴고 일어서리라

나 아무도 부르지 않아도
들풀이게 한 것 감사하리라

남해 금산

이십 대 뜨거운 열정 품고
금산 정상에 올라
브이(V) 손가락 치켜들고
승리를 기원하며
반짝반짝 금빛 모래만큼
꿈 가득한 시절을 그렸다

긴 세월 흘러
바닷가 한쪽에서
멀리 보이는 금산을 보며
흰 파도 깨어져 흐트러진
정상위 소망을 그린다

묵묵히 걸어온 발자취
흘러온 뒤안길

눈망울 초롱초롱
깊어진 마음 품고
금산의 먼 하늘 안는다

만남

오고 가는 사이에서
불현듯 스친 우연함이
오래전 익숙함 되어
그리움 된다

오봉산

새벽에 일어나 마주치는
조용한 가을
알록달록 채색옷 갈아입은
다정하고 정겨운 산이 있다

한 걸음씩 차분히 걸으며
사박사박 낙엽 밟으며
깊은 맘 휘적이며
세월 마디 여민다

정겨운 오솔길
여인의 품 같은 포근한
가을의 깊어진 산에서
소망의 나래 펼친다

새벽에 일어나 마주치는
든든한 자태
언제나 변함없는
믿음의 산이다

아름다움

때가 되면
조용히

새로움 향해
말없이

가슴에 훈훈함 품고
고요히

의지(意志)

태양의 뜨거움이 흩어져 여울진 구름에 묻혔네
여름의 열기를 함께했던 뭉게구름은 높이 떠갔고
대지의 복사열이 더 먼 곳 부딪쳐오니
어느새 하늘은 가을이 되었네

점점이 떠 있는 구름 사이로 비치우는 따사로운 햇살은
이제 가을을 준비하는 빛으로 대지를 충만케 하네
견디기 힘들 것 같던 늘어짐이 지루하긴 했지만
고개 숙인 열매로 맺혀졌네

성장의 마디엔 굴곡진 흔적이 보이지만
연 푸름이 농익음으로 흔들리며
앳된 가여움의 잎새가 형형색색으로 옷 입으니
머얼리 가버린 뭉게구름 다시 올 듯 시샘하네

아! 어쩌나
바람 색 변한 시간의 분기(分期)에서
들어선 문턱 되돌아 나갈 수 없으니
무르익음안의 메마름을 이어가네

입춘 표절

봄이다 봄이야

어김없이 봄을 투기하는
꽃샘 추위의 위세에
움추려든 자세
흩으러진다

똑같은 듯 비슷한 듯
봄 아지랑이 어른거리니
나른한 눈꺼풀 떨린다

봄이야 봄이다

여전히 먼 들녘 냉이가
흠뻑 향기 풍기니
봄기운에 젖는다

닮은 듯 유사한 듯
봄소식 맞이하니
지친 걸음 쉬어간다

입춘

복수초 피니 아지랑이 슬슬
매서운 한파 견뎌
붉은 꽃 피어내니
오는 봄 귀하다

언제나 올까 기다렸던
따스한 봄날
처마 밑 옹기종기 모여
나른한 여유 누린다

봄
봄이로구나

정(情)

몇 해 만인가 혈육의 다정함
칠순 잔치 못하시고
먼저 가신 부모님 따스함 같다

가정가정 성실한 육 남매
애틋한 마음 함께 모아
베트남 여행 떠난다

큰 거울 속 어린 추억 회상하며
해맑은 미소 나누니
고단한 일상이 봄 눈 같다

먼 이국(異國)땅 신기함에 떠들며
밝게 웃던 어릴 적 꿈꾸니
육 남매 행복 창공에 퍼진다

청초함

홀로선 나무 잎새에
언덕 너머 미소진 바람
나지막이 속삭인다

아스라한 구름 속 사연
가느다란 햇살 섞여
너울너울 내려온다

깊은 물 맑음이 흘러
사방을 두르니
보는 이 맞는 이 깨끗하다

그윽한 눈망울 가득히
새로움의 은혜 임하니
발걸음 가볍다

- 정경옥 사모님에게 -

축제

따사로운 오후 나른한 시간
찻집에 홀로 앉아
물끄러미 창문 너머 본다

제법 따가운 햇살이
솟아오르는 분수대 물줄기에
휘감겨 춤을 춘다

솟구쳤다 흩어지는 빛의 향연에
깊은 시름 흔들린 마음
생명 약동 부풀린다.

여정(旅情)의 일상에
삶의 부분 마디마디 마다
축제의 새로움의 연속이다

포도원

알알이 탐스런 열매가
새벽녘 이슬 품고
반짝반짝 빛난다

삶의 언저리에서 힘쓰는
보통 사람들의 안쓰러움이
땀으로 방울방울 맺힌다

어느새 또르륵 맺었고
어느새 주르륵 흘러
뜨거운 태양 넘어가니
영글어 탱글탱글하다

어수선한 세파 몰아치나
한 손 두 손 부둥켜안고
녹록한 가을 맞는다

행복

이른 아침잠 깨어
눈 부신 햇살에
깊은 마음 연다

우수 어린 상념
사월의 변덕이지만
평안의 은혜 임한다

어스름한 해무 바위섬
외로운 한 송이 꽃
활짝 피어 뽐낸다

오솔길 피어난 들국화
깊은 향 퍼지니
보는 이 기쁘다

제 5 부

시원함

난타

투투탁 둥둥당당
가벼운 두 손의
날리는 북채가
어허이야 신나네

어엿싸 어엿싸아
신나는 소리에
여린 눈 크게 뜨고
어깨 사위 흔들흔들

으흠으흠 어야 둥둥
홍조 핀 두 볼 사이
짙어진 미소가
어야 둥둥 밝아지네

용기(勇氣)

휘적휘적 휘적거리며
바람 따라 흔들리는
그 모습
마음 한구석 찡하다

매서운 바람에
꺽일듯 말듯 하건만
흔들리듯 춤추니
고운 빛 더 번쩍인다

모진 세월 흔들리고
마음 아픔 있지만
오뉴월 시원한 바람맞아
신명나게 춤 춘다

그대와 함께

이처럼 아름다운 가을
코스모스 꽃잎 같은
그대를 보고 싶소

이처럼 푸르디 푸른 가을에
부드럽고 따스한
그대 손 잡고 싶소

이처럼 맑고 고운 가을날
예쁜 산속 오솔길을
발걸음 맞춰 걷고 싶소

매화 1

하얀 눈 사이 그윽이 드러난
기개(氣槪) 있는 꽃
지난(至難)한 시간에 지치지 않고
드러난 삶의 향기

매화 2

초봄의 꽃
어떡하니
안그래도 봄 그리움 넘쳐
긴 겨울 기다렸는데

오늘은
네 모습
이리도 화사하니
어쩌면 이리
좋을꼬

매화 3

앙상한 가지에
송이송이 피어
환한 미소 짓는 꽃

지친 일상의 삶에
찬 바람 이겨 핀 꽃 보니
하얀 미소 짓는다

오늘노
그대 얼굴 보며
봄 향기 꽃 피운다

매화 4

밤에
더 아름다운 꽃

주변을
환하게 비추니

그대 모습
어두운 내 맘
소망 가득케 한다

매화단상

언 날씨 호호불며 힘든데
어느 날 예쁜 꽃 한 송이
찬바람 맞은 가지에
귀엽게 피었네

삶의 고단함에 지쳐
차창 밖 지나간 풍경 보듯
움트는 생명 지나쳤는데
어느새 꽃 피었네

아름다운 낙동강 둘러 핀
순매원의 밤 매화 보며
하염없는 기차 소리 듣는다

- 순매원 : 양산 원동에 있는 매화정원

모란

봉긋이 피어난 소담스런 꽃
수줍은 아기씨 붉은 볼 같다

마른 나무 가지 사이사이 그토록
정성스레 무성히 피웠다

연노란 향연의 상큼함에
오늘 이 순간이 화사하다

머언 뒤안길 아픈 가슴 시리지만
화려한 꽃 잔치로 달래어 본다

봄소식

남쪽 지방에서 슬금슬금 올라온
아지랑이
스멀스멀 피어오르니
딱딱한 땅 촉촉하다

살얼음 녹아내린
엷은 물길 사이
갸우뚱 고개내민 버들치
멀뚱멀뚱 거린다

따스한 바람이 살랑살랑
애꿎은 처녀 마음 설레게 하니
겨우내 지친 마음
봄눈같이 녹아 내린다

봄맞이

이른 봄 아른아른 아지랑이
겨우내 언 마음 녹이며
봄 아가씨 설레게 합니다

녹아내린 대지 위
여기저기 질세라 찾아든 실개천이
개구쟁이 아이들 뛰놀게 합니다

냉랭한 북풍 한파
이 산 저 산 백설(白雪)산 만들지만
봄 처녀 맞아 푸르름 드러냅니다

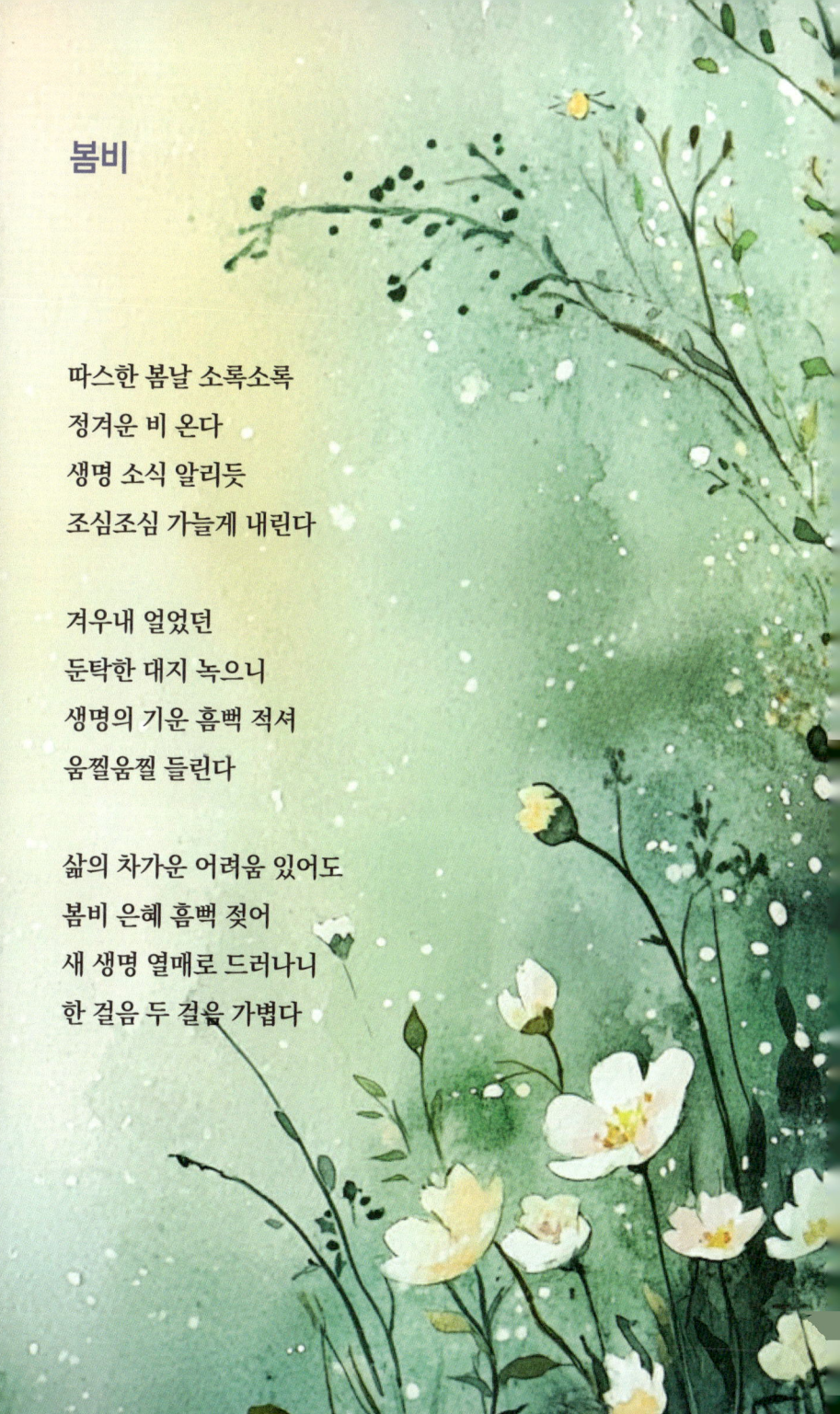

봄비

따스한 봄날 소록소록
정겨운 비 온다
생명 소식 알리듯
조심조심 가늘게 내린다

겨우내 얼었던
둔탁한 대지 녹으니
생명의 기운 흠뻑 적셔
움찔움찔 들린다

삶의 차가운 어려움 있어도
봄비 은혜 흠뻑 젖어
새 생명 열매로 드러나니
한 걸음 두 걸음 가볍다

봄에 부르는 노래

춘삼월 호시절 그리움 가득히
긴 겨울 지나 따뜻한 봄이 오니
사랑하는 님 보고 싶습니다

세월은 흘러흘러 봄이 왔건만
내 님은 봄소식에 오지 않을까
사랑하는 내 님 보고 싶습니다

인생의 겨울 꿈같이 흘러가고
꿈꾸는 봄의 따스한 시간이오니
사랑하는 우리 님 보고 싶습니다

봄의 서약(誓約)

긴 겨울 지난(至難)함에도
생명의 꿈틀거림은 쉬지 않는다
반드시 꽃을 피우리라
차가운 땅에서
다지고 다진다

밤은 짧아지고
따스한 햇빛
온 누리 비치니
약동(躍動)하는 생명
놀랍게 피어난다

아지랑이 피어오르는
동산에 올라
봄 향연(香煙) 적시며
봄 생명(生命) 드러내니
겨우내 얼은 마음 녹는다

험난(險難)한 시대
부름받은 선지 생도
지고(至高)한 사랑의 손 부여잡고
믿음 길 부단(不斷)히
생명 꽃 피워 영원 생명 드린다

코스모스

하얀 파란 붉은 꽃잎들이
가는 바람에
이리 흔들 저리 흔들
귀엽게 춤 춘다

무더운 여름 잘 보내라고
가볍게 가볍게
인사한다
안녕 안녕

길가의 코스모스
한결같이
예쁘게 방긋방긋
마음을 기쁘게 한다

한 바퀴 뒹굴한다

아픔이 아픔을 더하며
마음에 약함을 더하니
길 끝이 아득하다

힘내어 발 딛으며
손에 힘주어 펼쳐보니
길 끝이 아련하다

용기 낸 가지런한 시선
두 눈망울 또렷이 쳐다보니
길 끝이 가득차오른다

모든 아픔 모든 어려움
눈 안 가득 길 담으니
또렷이 길 보인다

해소(解消)

복잡한 일상 뒤로하고
꼬불꼬불 오솔길 지나
산 정상 오르니
마음이 밝아진다

뒤쳐진 삶의 혼란
매듭진 얽힌 시간
바위틈새 조그만 소나무
얽히고 설킨 갈등(葛藤)

꼬불꼬불 오솔길 지나
골바람 맞으며
산 정상 오르니
마음이 시원하다

아!
너무 상쾌하다

하늬바람

발행 2024년 10월 21일
저자 김종명
편집.디자인 이희준
펴낸이 허필선
펴낸곳 행복한 북창고
출판등록 2021년 8월 3일 (제2021-35호)
주소 인천 부평구 원적로 361 216동 1602호
전화 010-3343-9667
이메일 pilsunheo@gmail.com
홈페이지 http://www.hbookhouse.com
판매가 13,000원
ISBN
* 잘못 만들어진 책은 구입하신 서점에서 교환해 드립니다.
* 본 책은 저작자의 지적 재산으로서 무단 전재와 복제를
  금합니다.
* 본 컨텐츠는 문화체육관광부와 한국출판회의의 kopub
  서체를 사용하고 있습니다.
* 이 책은 〈한국예술인 복지재단〉으로 부터 출판비 일부를
  지원받았습니다.